DISCOURS

DE

M. DE FALLOUX,

Ministre de l'Instruction publique,

SUR LA SITUATION DU PAYS

ET

SUR LES ATELIERS NATIONAUX,

à la séance de l'Assemblée Nationale du 24 mai 1849.

PARIS,

J. LECOFFRE ET Cie, rue du Vieux-Colombier, 29.
GARNIER FRÈRES, libraires, au Palais-National.

DISCOURS

DE M. DE FALLOUX,

Ministre de l'Instruction publique,

SUR LA SITUATION DU PAYS

ET

SUR LES ATELIERS NATIONAUX.

L'Assemblée nationale constituante, au moment de voir expirer son mandat, s'est laissée engager par M. Ledru-Rollin dans une discussion, renouvelée pour la troisième fois, sur la position de M. le général Changarnier, commandant supérieur des troupes de la première division militaire, et sur sa prétendue désobéissance aux ordres de l'Assemblée. Le chef de la Montagne en a profité pour adresser les attaques les plus inju-

rieuses au Président de la République, à son gouvernement, et à tout le parti modéré. Dans la séance du
23 mai 1849, M. Odilon Barrot, président du Conseil ,
a noblement refuté les accusations et les calomnies di-
rigées contre le Président de la République. Mais dans
la séance du 24, M. Ledru-Rollin ayant renouvelé ses
attaques, en affectant de distinguer entre les différentes
fractions du ministère, ou du parti conservateur, M. de
Falloux, ministre de l'instruction publique et des cultes,
demande la parole, et s'exprime ainsi qu'il suit :

L'Assemblée ne me refusera pas, je l'espère, la justice que
je me rends à moi-même : c'est que je n'interviens pas témérairement dans ses débats, et que je ne cherche pas à y
apporter ou à y soulever des questions de parti lorsqu'elles
semblent être en jeu.

Je ne monte donc à cette tribune qu'obéissant à deux sentiments impérieux : d'abord pour donner une satisfaction à
l'honorable M. Ledru-Rollin sur une interpellation qui m'a
touché, moi personnellement, et, en second lieu, pour constater une satisfaction qu'il m'a accordée à moi-même et à
quelques-uns de mes collègues.

Cette satisfaction première que je tiens à constater, c'est
celle-ci : j'ai eu plus d'une fois à surmonter la tentation à
laquelle je cède en ce moment, lorsque j'ai entendu les orateurs de l'opposition se succéder ici et faire toujours deux
parts dans le cabinet, parler de la loyauté de quatre membres qu'ils désignaient nominativement, et passer sous silence ceux qui étaient assis à côté d'eux. J'ai eu besoin de
faire un sacrifice aux sentiments de conciliation et de con-
corde que j'apporte dans ces débats, pour ne pas demander
plus tôt l'explication de ce silence affecté. Lorsque l'hono-

rable M. Ledru-Rollin a rendu encore aujourd'hui à l'honorable M. Odilon Barrot un hommage que nous lui rendons tous, je lui ai demandé : Excluez-vous les autres ? Il m'a répondu : Je dirai nettement ma pensée ; j'ai été heureux de lui entendre dire ensuite : Je n'entends parler que des hommes irresponsables.

Il est donc établi qu'il n'y a pas ici d'hommes responsables à qui on adresse en face et directement ces allusions de complots, de trames et de coups d'État. (Rumeurs à gauche.) Voilà la satisfaction que j'ai reçue et que je tiens à constater. (Très-bien !)

Quant à la partie de l'argumentation de l'honorable M. Ledru-Rollin à laquelle je me suis donné la tâche de répondre, elle est celle-ci : Se retournant du côté de ces bancs où je siégeais et où j'aspire à retourner (Mouvement.), il a dit : Supposons que le général appartînt à une opinion opposée à la vôtre, et que les faits que je signale se fussent produits, qu'est-ce que vous n'auriez pas fait ? Cela était un appel à notre loyauté, et, pour mon compte, cela m'a déterminé à répondre.

Si l'hypothèse que pose M. Ledru-Rollin s'était réalisée, voici ce que nous aurions fait : nous aurions d'abord chargé notre bureau de demander des renseignements, et j'admets que le bureau eût été, comme je crois que M. Ledru-Rollin l'admet pour lui et pour ses amis, de nature à donner parfaite sécurité ; nous aurions chargé notre bureau de prendre des renseignements, de soutenir la dignité de l'Assemblée, et lorsque, deux fois, trois fois, notre bureau se serait trouvé satisfait, nous nous serions tenus pour satisfaits avec notre bureau et notre président.

M. FLOCON. Je demande la parole.

M. LE MINISTRE. Vous demandez ce que nous aurions fait, permettez-moi de vous le dire. Ce débat vidé une fois, deux fois, trois fois, nous ne l'aurions pas soulevé une quatrième fois pour revenir sur des faits quatre fois vidés ; nous aurions craint qu'on ne nous accusât de donner persévéramment et sciemment un aliment aux passions du dehors. (Approbation à droite.)

M. GOUDCHAUX. Le bureau n'a jamais été convaincu.

M. LE MINISTRE. Nous aurions craint qu'on ne nous accusât de correspondre avec les partis que nous sommes censés représenter ; car ce n'est pas pour l'Assemblée elle-même qu'on peut réveiller une quatrième fois des faits jugés si officiellement par elle.

M. FLOCON. La lettre est un fait nouveau.

M. LE MINISTRE. Si nous n'avions pas été satisfaits encore, nous n'aurions pas songé à faire comparaître devant l'Assemblée des officiers, des généraux, des hommes qui vont porter (ils peuvent en avoir le droit strict, néanmoins je ne voudrais pas dire qu'ils ne s'exposent pas à un blâme sérieux), qui vont porter les lettres et les confidences de leurs chefs à ceux auxquels ils ne doivent pas les communiquer.

M. CHARRAS. Je demande la parole.

M. LE MINISTRE DE L'INSTRUCTION PUBLIQUE. Nous n'aurions pas voulu porter à la discipline et à la hiérarchie, choses si nécessaires dans une République, plus nécessaires que dans aucun autre État, une atteinte si grave. Mais nous nous serions souvenus que nous avions devant nous un ministre de la guerre responsable. (Rires ironiques à gauche.)

M. CHOLAT. Responsable à vingt-quatre heures de distance.

Un membre à gauche. Où est-il ?

M. DE RANCÉ. Vous savez bien qu'il a le choléra.

M. LE MINISTRE DE L'INSTRUCTION PUBLIQUE. On me demande où est M. le ministre de la guerre. Avant que je réponde, on peut être parfaitement sûr qu'il est à son poste ; mais tout le monde sait qu'il est malade. (Rires à gauche), et tout le monde sait aussi que ses collègues sont là prêts à répondre pour lui. Et comme je traite une question sérieuse et que je réponds sérieusement, je crois vraiment ne pas devoir insister davantage sur cette interruption. (Très-bien !)

Nous aurions donc évité de faire comparaître devant vous ceux qui ne doivent y comparaître à aucun droit ; nous nous serions adressés rigoureusement, légalement, à ceux qui ont le devoir de nous répondre.

Vous nous avez demandé ce que nous aurions fait : voilà ma réponse.

A droite : Très-bien !

M. LE MINISTRE. Vous nous avez parlé de ces agents irresponsables auxquels il est bien entendu désormais qu'on fait seulement allusion. (L'enquête ! l'enquête !)

Ceux qui auront à protester contre les paroles de l'honorable M. Ledru-Rollin, et qui voudraient faire porter ses accusations ailleurs qu'il ne les dirige lui-même, voudront bien me remplacer à la tribune et y venir articuler les faits qu'ils peuvent produire pour contredire l'honorable M. Ledru-Rollin.

M. FÉLIX PYAT. Il y a une accusation déposée contre vous.

M. LE PRÉSIDENT DU CONSEIL. Raison de plus!

M. LE MINISTRE DE L'INSTRUCTION PUBLIQUE. L'acte d'accusation est en retard; ce n'est pas ma faute.

M. LE PRÉSIDENT. Parlez à l'Assemblée!

M. LE MINISTRE. Pardon! je réponds à l'interrupteur. L'acte d'accusation a été discuté dans le bureau dont j'ai l'honneur de faire partie; là j'ai déclaré que j'étais impatient de le voir se produire pour y répondre.

J'ai soutenu une discussion sur le complot du 29 janvier, contre M. Arago lui-même; tous les chefs d'accusation qui me seront indiqués, je les discuterai autant de fois qu'il le faudra, et là où il le faudra. Voilà pour l'interruption.

M. FÉLIX PYAT. Je demande à poser une question.

M. LE PRÉSIDENT. Vous n'avez pas le droit de parler de votre place et d'interrompre.

M. FÉLIX PYAT. Et qu'a fait M. Barrot?

M. LE PRÉSIDENT. M. Barrot a usé de son droit, et vous n'êtes pas dans le vôtre.

M. FÉLIX PYAT. M. Barrot n'avait pas plus de droit que moi.

M. LE PRÉSIDENT. Il en a usé régulièrement. Personne, au milieu d'un discours, ne peut prendre la parole quand le président ne la lui donne pas. (Exclamations à gauche. — M. Gent adresse des interpellations au président.)

Monsieur Gent, veuillez garder le silence. C'est inconcevable. Je maintiendrai la parole à l'orateur et je rappelerai à l'ordre quiconque interrompra désormais.

M. LE MINISTRE. Si M. le président refuse la parole à l'honorable M. Pyat, il use de son droit; mais, quant à moi, je ne la lui conteste pas le moins du monde, et je suis prêt à la lui céder, s'il le veut bien. (Continuez! continuez!)

L'honorable M. Ledru-Rollin, parlant de ces agents irresponsables auxquels, jusqu'à nouvel ordre, il sera seulement fait allusion... (Rumeurs à gauche), rappelait à l'honorable M. Barrot les luttes qu'ils ont soutenues si longtemps ensemble contre la politique personnelle...

M. LE PRÉSIDENT DU CONSEIL. Non, pas ensemble.

M. LE MINISTRE DE L'INSTRUCTION PUBLIQUE. Et lui demandait pourquoi on désertait 'cette guerre à la politique personnelle.

L'honorable M. Ledru-Rollin, en posant cette question, oubliait un fait que, plus que personne, il a le droit de se rappeler : c'est la Révolution du 24 février! c'est que le pouvoir a passé de l'état d'irresponsabilité à l'état de responsabilité directe, temporaire, se renouvelant tous les quatre ans.

Lorsqu'un pays a passé de l'état monarchique, de l'état de la charte monarchique à la Constitution que vous avez faite, au pouvoir responsable, viager....

Voix à gauche : Ah! ah! viager!

M. LE MINISTRE DE L'INSTRUCTION PUBLIQUE. L'opposition elle-même se déclarerait bien au dépourvu d'arguments si elle s'emparait du mot que je viens de prononcer pour s'en faire une arme. Pour moi, le mot *viager* représente exactement l'idée que j'aurais rendue en disant *temporaire*. (Oui! oui! — C'est entendu!) Oh! très-sincèrement!

M. DE RANCÉ. D'ailleurs, vous avez déjà dit quatre ans.

M. LE MINISTRE. Je répèterai donc à M. Ledru-Rollin que, lorsqu'on a passé de l'état antérieur au 24 février à l'état que nous connaissons tous et que nous pratiquons tous aujourd'hui, on ne peut pas être accusé de déserter ses convictions et ses vieilles luttes, parce qu'on ne s'occupe plus de faire la guerre à la politique personnelle.

Quant aux expressions plus directes que M. Barrot a relevées, aux applaudissements de l'Assemblée presque tout entière... (Exclamations à gauche.)

M. FLOCON. Il faudrait faire voter l'Assemblée pour savoir cela.

M. LE MINISTRE. C'est pour vous et pour vos amis que je dis presque.

M. FLOCON. Mes amis sont un peu plus que presque!

M. LE MINISTRE. Quant à l'expression qui a été relevée déjà, cette expression de folie, appliquée au pouvoir, qu'il me permette de lui dire qu'il y a aussi une folie bien autrement redoutable, c'est celle de la passion, celle de la passion que nous entendons depuis plusieurs jours. Il y a quelque chose, je ne me servirai plus du mot de *folie*, quelque chose de bien insensé à venir se poser ici comme l'ami, le défenseur exclusif de la République, et depuis huit jours, à diriger toutes ses forces et toutes ses passions dans le sens qui peut le plus la compromettre et la perdre. (*A droite.* Très bien! — Murmures à gauche.)

Il y a quelque chose de bien insensé...

M. MARTIN BERNARD. C'est quand vous vous abstenez de voter.

Plusieurs voix à droite. Monsieur le président, rappelez donc M. Martin Bernard à l'ordre.

M. LE MINISTRE. Il y a quelque chose de bien insensé à faire demander à tout le monde, depuis huit jours, si ceux qui ne veulent pas la République, à ce que l'on prétend, ne la rendent pas cent fois plus facile, cent fois plus acceptable que ceux qui prétendent l'aimer si exclusivement et si violemment. (Nouvelle approbation à droite.)

Il y a quelque chose de bien insensé, je répète cette expression, il y a quelque chose de bien insensé, lorsqu'on vient ici nous faire apparaître le fantôme de la coalition, le fantôme de l'empire de Russie. (Exclamations à gauche. — Assentiment à droite.)

M. MILLARD. C'est une résolution de l'Assemblée; vos amis ont voté l'ordre du jour de M. Cavaignac.

M. LE MINISTRE. Je n'appelle pas le péril lointain un fantôme; ce que j'appelle un fantôme, c'est la menace à notre pays, c'est la sûreté de notre pays mis en doute... (Interruption à gauche.)

M. MARTIN BERNARD. Ce n'est pas vous qui défendrez le pays au jour du péril.

Un membre. Aussi bien que vous, mais pas derrière les barricades.

M. LE MINISTRE. Vous me donnez une fois plus raison que je ne le veux; plus le péril est grand, plus vous êtes insensés, coupables de venir ici rallumer toutes les passions, toutes les divisions, de nous armer les uns contre les autres... (Rumeurs à gauche.)

Voix à gauche. Nous signalons le danger.

M. LE MINISTRE. De nous rejeter, de nous dire que nous ne sommes pas Français, patriotes au même titre que vous...

Voix nombreuses à gauche. Non! non! (Vives réclamations à droite.)

M. LE MINISTRE. Voilà ce qui est insensé. Ce qui est insensé, c'est de venir dire à l'Europe, à l'Europe menaçante, à l'Europe coalisée, puisque vous le voulez : Oui, la France n'est plus le pays de l'unité; oui, la France n'est plus le sol duquel il ne s'élancera que des soldats pour vous combattre; c'est un pays où il y a trois monarchies, où il y a deux Républiques ; venez fondre au milieu de toutes ces divisions que nous ravivons, que nous fomentons... Voilà ce qui est insensé. (*A droite.* Très-bien! très-bien!)

Voilà ce qui est insensé pour le dehors.

Voici maintenant ce qui est insensé pour le dedans, puisque vous parlez de folie : c'est de venir, au milieu des émotions générales qui agitent aujourd'hui les esprits, nous menacer d'un 10 août, de venir faire appel à l'histoire révolutionnaire. On vous a dit, l'honorable M. Barrot vous a dit : Vous citez mal l'histoire. Eh bien! moi, je dis que vous la citez trop ou trop peu ; vous êtes insensés, quand vous vous arrêtez à la date du 10 août, il faut aller et en deçà et audelà. Si le 10 août menace quelqu'un, il vous menace, vous, M. Ledru-Rollin, autant que nous, que vous attaquez. D'abord le 10 août n'a pas été fait par le peuple, comme vous le dites; puis il a été suivi du 2 septembre; du 31 mai, du 10 thermidor, il a été suivi enfin du 18 brumaire. (Trèsbien! très-bien!)

Plusieurs voix. Et de 1815.

M. DRIVES. Et de 1815? (L'honorable membre étend horizontalement ses deux bras ; ce geste excite l'hilarité.)

M. LE MINISRRE DE L'INSTRUCTION PUBLIQUE. Et de 1815 aussi.

Un membre à l'extrême gauche. Coupez les dates tout de suite.

M. LEDRU-ROLLIN. Vous vous arrêtez au 18 brumaire.

M. GENT. C'est le mot de la situation!

M. LE PRÉSIDENT. Monsieur Ledru-Rollin, vous vous êtes plaint avec raison des interruptions. N'interrompez pas à votre tour.

M. LE MINISTRE DE L'INSTRUCTION PUBLIQUE. Toutes ces dates se tiennent, et puisque vous en appelez à notre mémoire, j'en appelle à la vôtre. Ce sont là les étapes logiques et inévitables des passions que vous évoquez sans cesse contre nous aoujurd'hui, qui se tourneront contre vous demain. (Trèsbien! très-bien!)

Non, le peuple aujourd'hui ne veut pas un 10 août, parce qu'il sait trop bien jusqu'où cela le conduirait. Il ne veut plus des hommes timides, vous avez parfaitement raison; il ne veut plus des serviteurs usés de tous les anciens régimes, je n'ai pas à parler pour eux ; le peuple ne veut plus des trembleurs, mais il ne veut pas de ceux qui font trembler, sachez-le bien. (Vive et longue approbation à droite.)

M. DE RANCÉ. Qui essayent de faire trembler ; ce qui est bien différent. (Marques d'approbation à droite.)

M. LE MINISTRE. J'entendais, il y a deux jours, l'honorable M. Joly dire à cette tribune : « Je ne veux plus de ces hommes. »

J'ai senti, je l'avoue d'abord, un instant d'impatience et d'irritation à entendre dire ce superbe *Je ne veux plus*, et, au bout du compte, je me suis calmé, car je me suis dit : Personne n'a plus de droit de dire : *Je ne veux plus.* (Interruption.)

M. FLOCON. Voulez-vous des verdets ? voulez-vous des Trestaillon ?

M. CHARRAS. M. Joly parlait de Trestaillon.

M. FLOCON. En voulez-vous ?

M. FAVART. Nous avons eu des Trestaillon au 24 juin.

Autres membres de droite. Nous ne voulons ni de Trestaillon ni de Marat.

M. LE MINISTRE. Ce mot superbe de : *Je ne veux plus...* (Nouvelle interruption.)

M. FLOCON. De Trestaillon.

A droite. A l'ordre ! à l'ordre !

M. BERGER. Pas plus de Trestaillon que de Marat, pas plus des uns que des autres.

Un membre au fond de la salle. Et l'enquête ?

M. LE MINISTRE. Puisque nous avons commencé ces explications, allons jusqu'au bout ; attendez un instant l'enquête ; vous l'attendrez bien un quart d'heure ? Et puisque vous insistez tant sur Trestaillon, je vais vous répondre à cet égard ; mais laissez-moi achever ma pensée.

Ces mots : *Je ne veux plus*, que j'ai sur le cœur, je veux m'en soulager. (Ecoutez ! écoutez !) Le mot *je ne veux plus*, il a été dit par de plus puissants et de plus illustres que vous, monsieur Joly, il leur a porté malheur. Ce mot ne va bien dans la bouche de personne. Cependant, en l'entendant venir de vous je me suis promptement calmé, parce que je me suis dit : La France, ce qu'elle ne veut plus, elle sait parfaitement le dire ; ce qu'elle veut, elle sait parfaitement l'imposer. (Approbation à droite.)

Plusieurs membres à droite. Elle n'a pas voulu les Joly ! (Longue hilarité.)

M. LE MINISTRE. Ce qu'elle ne veut plus, elle vous l'a clairement dit dans les élections qui ont produit cette Assemblée...

Une voix. Et le télégraphe? (Exclamations.)

M. LE PRÉSIDENT. Il est évident que la discussion n'arrivera pas à son terme si on interrompt l'orateur à chaque momet. Il y a quatre orateurs inscrits qui pourront répondre.

M. LE MINISTRE. Ce qu'elle ne veut plus, elle vous l'a dit très-clairement aux élections qui ont produit cette Assemblée; elle vous l'a dit au 10 décembre; elle vient de vous le dire aux élections qui vont ouvrir la porte dans quatre jours à une assemblée nouvelle (approbation à droite); et pour moi, voici comment je traduits son langage, puisque chacun, à ce qu'il paraît, peut le traduire à sa façon.

M. FÉLIX PYAT. Paris ne veut plus de vous.

M. NAPOLÉON BONAPARTE. Paris veut-il davantage de M. Flocon?

M. LE MINISTRE. L'honorable M. Pyat me dit que Paris ne veut pas de moi; il a parfaitement raison, j'en tombe parfaitement d'accord avec lui; mais Paris veut de l'honorable M. Barrot, chef du cabinet, et politiquement pour la discussion qui nous occupe, cela me suffit.

A droite. Très-bien! très-bien!

M. LE MINISTRE. Je suis monté à cette tribune, et je l'ai déclaré d'avance à l'Assemblée, obéissant à des sentiments personnels; j'irai par conséquent jusqu'au bout. Vous m'avez poussé à parler de ce que la France veut ou ne veut pas; je le dirai comme je l'entends.

Eh bien! voici comment je traduis sa pensée, que je ne croyais pas sujette à contestation : La France ne veut plus des hommes qui l'ont étonnée par leur inexpérience et leur incapacité. (Approbation prolongée à droite. — Murmures à gauche.)

La France accepte, la France veut le concours de toutes les bonnes fois et de toutes les bonnes volontés; la France sait parfaitement qu'on n'improvise pas l'avenir, que l'avenir se fait avec du passé, et que le progrès se fait avec de l'expérience.

La France ne veut ni des hommes qui ne sont capables de rien, ni des hommes qui sont capables de tout. (Très-bien! très-bien! — Applaudissements redoublés. — Sensation prolongée.)

M. LATRADE. Comme à Strasbourg et à Boulogne.

M. GENT. Voilà pourquoi la France n'a pas voulu de votre liste.

Autre voix à gauche. 1814 et les jésuites !

M. DE FALLOUX, ministre de l'instruction publique. Il ne me reste plus maintenant qu'un engagement à tenir envers l'honorable M. Flocon, qui m'a interrompu cinq ou six fois par le nom de Trestaillon, et qui m'a paru fort étonné que je ne lui répondisse pas. Je lui demande pardon de ne pas l'avoir fait plus tôt ; ça été pour ne pas interrompre l'ordre d'une idée que je tenais positivement à exprimer ; mais je n'ai pas eu la pensée d'éluder cette interpellation.

Oui, Trestaillon, bienque ce ne soit pas un nom parfaitement historique, représente, je le crois, ce qu'il y a de plus infime dans les réactions politiques. Eh bien ! j'ai eu tort, lorsque en répondant à l'honorable M. Ledru-Rollin, je me suis arrêté à la date du 18 brumaire ; j'aurais dû aller plus loin. En effet, après Bailly, on a vu tomber Pétion ; après Pétion, on a vu tomber Barnave ; après Barnave, Danton ; après Danton, Robespierre ; puis, après cela, le despotisme est venu qui a fait taire toutes ces voix et qui a muselé tous ces tigres. (Vive approbation à droite. — Sensation prolongée. — Agitation à l'extrême gauche.)

Voix à droite. En voilà de l'histoire !

M. DE FALLOUX. Et puis, il y a une autre date que vous avez parfaitement le droit de me rappeler, et que je suis charmé de constater ici. Oui, après cela est venu 1814 et 1815 ; c'était l'inexorable logique, et, quand vous commettrez les mêmes excès, quand vous rentrerez dans la même voie, vous arriverez à la même date.

A droite. Très-bien ! très-bien ! — Bruyantes réclamations à gauche.)

(M. de Courtais se lève et proteste vivement. Ses paroles se perdent dans le bruit.)

M. LE MINISTRE DE L'INSTRUCTION PUBLIQUE. Assurément, vous ne pouvez pas être pris en traîtres, tant cela est écrit en caractères ineffaçables dans l'histoire et dans le cœur humain. Vous n'avez pas besoin que je vous en avertisse, mais si vous m'en voulez d'être avertis, vous avez tort. Quant à moi, je crois, et c'est précisément de cela que je me prévaux ici, type des hommes que vous accusez, je sers mieux ici la République que vous !

A droite. Oui! oui! — Très-bien! très-bien! — (Exclamations et rires à gauche.)

M. LE MINISTRE DE L'INSTRUCTION PUBLIQUE. Je serai toujours à cette tribune sans embarras, sans hésitation, parce que j'y suis avec une conscience parfaitement droite et parfaitement limpide. (Rires ironiques à l'extrême gauche. — Assentiment à droite.)

Voix à droite. Vous avez bien le droit de le dire!

M. GAMBON *et plusieurs membres à l'extrême gauche.* Dites parfaitement *blanche!* (Agitation.)

M. LE MINISTRE DE L'INSTRUCTION PUBLIQUE. Je vous renvoie donc, comme des avertissements loyaux et utiles, ce que vous me jetez comme des menaces et comme des embarras; et quant au nom de Trestaillon, je n'en suis pas plus embarrassé que d'aucun autre de notre histoire. Les représailles sont proportionnées aux attaques premières: et si vous voulez que nous ne revoyions plus les pages funestes, les pages hideuses de notre histoire, ne soyez pas les premiers à les évoquer, à les susciter de nouveau. (Très-bien! très-bien! —Vives acclamations à droite.)

(L'orateur, en descendant de la tribune, reçoit les félicitations des ministres ses collègues, et d'un grand nombre de membres du côté droit de l'Assemblée. — La séance demeure suspendue pendant vingt minutes.)

M. FOY, pendant la suspension de la séance. Monsieur le président, je me plains que de futurs représentants viennent ici applaudir le ministre.

M. LE PRÉSIDENT. On ne doit pas applaudir quand on n'est pas représentant.

M. BARAGUAY D'HILLIERS. Il ne devrait y avoir ici personne autre que des représentants.

M. LE PRÉSIDENT. On les a autorisés seulement à entrer.

M. BARAGUAY D'HILLIERS. On a eu tort. Ce sont des étrangers, ils ne seront représentants que lundi.

M. LOUIS PERRÉE. Ils doivent avoir la conscience de ne pas applaudir.

. . . .

Reprise de la discussion sur la demande d'enquête.

M. LE PRÉSIDENT. La parole est à M. Flocon.

M. FLOCON. Citoyens, M. le ministre de l'instruction publique a essayé de donner le change à vos préoccupations, et il vous a présenté une série de tableaux historiques destinés à détourner votre attention de la véritable question qui était posée avant lui. Je ne suivrai pas son exemple. Cependant, il m'est impossible de ne pas commencer par répondre en quelques mots à la digression principale dans laquelle il a bien voulu rappeler mon nom. Ensuite, j'essayerai de ramener la question sur son véritable terrain.

J'en conviens, M. de Falloux s'y est pris très-habilement pour détourner vos esprits du grave sujet qui les occupait, il était difficile, en effet, d'inventer quelque chose qui pût plus violemment saisir les esprits dans une assemblée française que de venir apporter à cette tribune l'excuse de Trestaillon et l'éloge des massacres de 1815. (Vives rumeurs à droite. — Allons donc.)

Il y a eu, en France, un parti qui s'est toujours servi des mêmes armes, et ce parti remonte avant la révolution, même avant les époques antérieures que M. de Falloux a rappelées à cette tribune, c'est le parti de l'inquisition! de la Saint-Barthélemy! (Exclamations et rires à droite. — A gauche : Oui! oui!) C'est le parti des dragonnades, c'est, en un mot, le parti de l'autorité absolue établissant la compression et sur les hommes et sur les esprits par tous les moyens et par toutes les violences possibles. La révolution n'a eu pour but que d'en faire justice et d'en délivrer notre pays. Dieu merci, je pense que cette justice est complète aujourd'hui.

M. GENT. Nous ne faisons pas de représailles, nous, en 1848.

M. FLOCON. Mais, citoyens, il y a, en effet, un parti qui depuis la révolution a constamment travaillé à ramener la France sous cet état de choses qui avait été violemment brisé. Ce parti a toujours fait alliance avec l'étranger, et, aujourd'hui encore, nous revoyons les mêmes doctrines, nous revoyons les mêmes hommes, nous revoyons les mêmes faits. Si nous avions à craindre le retour de 1815, le retour des Trestaillons dont vous nous avez parlé tout à l'heure.....

A droite. C'est vous qui en avez parlé..

M. DE. FALLOUX, ministre de l'instruction publique. Voulez-vous me permettre une simple observation? Il ne faudrait pas dire cela au moment où quelques-uns de vos amis ont eu le malheur de tirer sur le général Oudinot. (Mouvement.)

M. FLOCON. M. de Falloux est un très-habile homme. Il nous a dit tout-à-l'heure qu'il y a deux jours il avait été violemment ému d'une parole qui lui avait été adressée; il a pris deux jours pour répondre.

Il paraît que ça ne lui suffisait pas; il avait gardé en poche un petit argument pour la circonstance.

Quand M. de Falloux me dit qu'il y a de mes amis qui ont eu le malheur de tirer sur le général Oudinot...

Une voix. Oui !

Une voix à gauche. Vous êtes un insolent ! (A l'ordre ! à l'ordre!)

M. FLOCON. Que celui qui a dit *oui* se fasse connaître.

M. DE MORTEMART, de sa place. C'est moi !

M. FLOCON. Cela suffit.

Quand M. de Falloux me dit qu'il y a de mes amis qui ont tiré sur le général Oudinot, je demande que M. de Falloux, à la tribune, à l'instant même, et devant l'Assemblée et devant le pays, nomme ces amis et qu'il fasse connaître leurs relations avec moi.

M. FÉLIX PYAT. Il a un frère qui est avec le roi bombardeur.

Un membre à droite. La famille est donc un crime?

M. LE PRÉSIDENT. La tribune est ouverte à tout le monde : venez-y et n'interrompez pas toujours.

M. LE MINISTRE DE L'INSTRUCTION PUBLIQUE. Lorsque j'ai entendu l'honorable M. Flocon affirmer à cette tribune qu'il reconnaissait en moi ce parti qui avait depuis soixante ans l'habitude de s'allier avec les étrangers contre la France, je lui ai dit de ma place et très-bas : « Il ne faudrait pas prendre, pour réveiller de pareilles accusations, le moment où quelques-uns de vos amis ont eu le malheur de tirer sur le général Oudinot. » M. Flocon me demande où j'ai pris ce renseignement, et ce que je voulais dire. J'ai pris ce renseignement dans les journaux que je croyais rédigés par les amis de M. Flocon, dans *la Réforme, la Démocratie pacifique* et dans *le Peuple.* J'ai vu, j'ai lu dans la plupart de ces journaux, que les premières barricades où les Français ont reçu des coups de feu.... (Exclamations à gauche.)

Vous me demandez ce que j'ai voulu dire....

M. DE KEECKEREN. Les Français étaient commandés par Laviron (condamné contumace à Bourges).

M. LE MINISTRE DE L'INSTRUCTION PUBLIQUE. J'ai vu, non pas dans mes correspondances, car je n'ai aucune correspondance directe ni avec Rome, ni avec Naples, je vais répondre à ce sujet à l'honorable M. Pyat; je n'ai rien vu dans mes correspondances, parce que je n'en ai pas; j'ai vu dans les journaux que j'ai cités les faits que tout le monde y a vus comme moi; j'ai vu, entre autres, une phrase qui est restée ineffaçablement gravée dans ma mémoire : « Dieu est avec nous; Dieu punit la France! »

Je crois que l'honorable M. Flocon et moi ferions un usage très-patriotique, très-utile en ce moment de notre discernement, si nous mettions, lui et moi, de pareilles allégations de côté. Voilà ce que j'ai voulu dire.

Il y a malheureusement dans notre histoire, depuis soixante ans, des armes pour tout le monde, et contre tout le monde. J'espérais donc, en disant ce mot à M. Flocon, l'arrêter dans une voie que je crois, non pas fâcheuse pour moi, mais très-dommageable pour mon pays. (Très-bien! très-bien!)

Quant à mon frère, dont je vois sans cesse le nom dans les mêmes journaux depuis quelque temps, j'aurai l'honneur de dire à l'honorable M. Flocon que mon frère ne porte le mousquet contre personne; il porte une soutane. (Rires ironiques à gauche.)

Il a rempli pendant dix ans à Rome un ministère ecclésiastique très-modeste, et parfaitement en dehors de la politique. Il est resté à Rome jusqu'au dernier moment quand il y avait un certain danger à y rester.

M. FLOCON. Vous finirez l'histoire de votre frère quand j'aurai terminé. Je n'ai pas parlé de votre frère. (Exclamations à droite.)

M. LE MINISTRE. Je vous demande pardon : vos journaux ne cessent d'en parler depuis huit jours. J'ai appris par ces journaux qu'il en était sorti depuis quelques jours. Je l'en félicite infiniment, et je m'en félicite moi-même. (Rire approbatif à gauche.)

M. FLOCON. Je remercie M. Falloux de vouloir bien me permettre enfin de reprendre la parole.

Tout à l'heure M. de Falloux a dit ceci : « De vos amis ont eu le malheur de tirer sur le général Oudinot. » Je dis que, quand un ministre se permet d'avancer un fait aussi grave et d'attaquer de la sorte un représentant qui est à la tribune.....

M. LE MINISTRE DE L'INSTRUCTION PUBLIQUE. Je n'ai pas dit vos amis personnels, mais vos amis politiques, comme vous disiez les miens.

M. FLOCON. Je dis que, quand un ministre se permet d'articuler un fait aussi grave et de le jeter, en face du pays, à un représentant qui est à la tribune, il faut qu'il en apporte une autre preuve que celle qu'il vient de présenter ; je dis que M. le ministre a manqué, à mon égard, aux convenances et au respect qu'il devait à la tribune.

M. LE MINISTRE DE L'INSTRUCTION PUBLIQUE. J'en serais désolé.

M. FLOCON. Pour moi, je crois que j'étais beaucoup plus dans le vrai quand je disais qu'il y avait encore à cette heure, au milieu de nous, en France, un parti qui, fidèle à ses anciennes traditions, comptait encore sur l'appui de l'étranger....

Voix à droite : C'est faux !

Voix à gauche : C'est vrai !

M. FLOCON. On nous a dit qu'il y avait danger à apporter cette vérité à la tribune ; moi, je dis, au contraire, que c'est le devoir d'un bon citoyen, parce que la trahison démasquée n'est plus à craindre.

M. CALLET. Prouvez le fait ! prouvez le fait !

Voix à gauche. L'enquête ! c'est ce que nous demandons.

M. FLOCON. C'est parce que, dans plus d'une circonstance et dans des cas qui sont trop graves pour être effacés de notre souvenir, nous avons vu une tendance funeste de quelques agents du pouvoir à faire alliance avec l'étranger, en allant soutenir les intérêts de l'Autriche et de la Russie jusqu'en Italie, jusqu'à Rome ; c'est pour cela que nous avons eu, pour notre compte, de légitimes soupçons et de sérieuses inquiétudes sur le sort qu'ils pouvaient réserver à la République.

On nous a dit tout à l'heure que la République, que la France, et la République aujourd'hui c'est la France, ne voulait plus de ceux qui faisaient trembler. A qui M. de Falloux fait-il allusion quand il disait ces mots?

M. DE HEECKEREN. Oh! ce n'est pas à vous!

M. FLOCON. Je voudrais lui rappeler que le parti révolutionnaire, que ceux qui ont porté le plus haut et le plus ferme le drapeau républicain, sont les premiers qui ont aboli la peine de mort. C'est là la plus sûre garantie contre les projets dont vous nous menacez. (Approbation à gauche.) Il y a une autre garantie, Monsieur, pour que ces excès ne se reproduisent pas : c'est que, grâce aux progrès des lumières, l'instruction du peuple et de ceux qui peuvent en recevoir une plus complète n'est plus confiée aux jésuites. (Approbation à gauche.)

Maintenant je demande à l'Assemblée la permission de ramener très-rapidement la question sur son vévitable terrain. De quoi s'agit-il, en effet, et quel est le point de vue que la digression historique de M. de Falloux et sa revue rétrospective nous a fait perdre? Il s'agissait d'une lettre du général Changarnier; il s'agissait, pour la troisième ou pour la quatrième fois, d'un fait qui porte atteinte à vos droits et à votre volonté exprimée, délibérée de la manière constitutionnelle.

A entendre M. de Falloux, on aurait cru que c'était nous qui servions de secrétaires à M. Changarnier, et qui, au besoin, lui dictions tous les jours une nouvelle lettre pour venir rapporter à la tribune un nouvel élément de débat, de discussion. Si les accusations reviennent sans cesse ici, c'est parce que sans cesse, par de nouvelles violations de la loi, vos amis et vous, vous nous forcez à les reproduire. (Approbation à gauche.)

M. Barrot s'est étonné que, lorsqu'il y a un acte d'accusation déposé, on ne suivît pas la marche constitutionnelle, et qu'on cherchât un moyen plus rapide pour porter à la tribune des faits d'une nature ardente et qui pourrait agiter ou alarmer les esprits. Il y a dans la Constitution un article qui vous dit suffisamment ce qu'il y avait à faire et quelle était la marche à suivre: c'est l'art. 68, et voici ce qu'il dit:

« Le président de la République, les ministres, les agents et dépositaires de l'autorité publique sont responsables, chacun en ce qui les concerne, de tous les actes du Gouvernement et de l'administration.

» Toute mesure par laquelle le président de la République dissout l'Assemblée nationale, la proroge ou met obstacle à l'exécution de son mandat, est un crime de haute trahison. »

Voix à droite. Eh bien?

M. FLOCON. Laissez-moi rappeler ces institutions constitutionnelles, qu'il est bon de remettre aujourd'hui sous les yeux de tous.

M. LACROSSE, ministre des travaux publics. Nous connaissons la Constitution aussi bien que vous Monsieur Flocon.

M. FLOCON. C'est pour ceux qui ne la connaissent pas ou pour ceux qui l'oublient. (A gauche. Très-bien!)

« Par ce seul fait, le président est déchu de ses fonctions, les citoyens sont tenus de lui refuser obéissance, le pouvoir exécutif passe de plein droit dans l'Assemblée nationale... » (Ah! ah!)

M. LE MINISTRE DE LA JUSTICE. Voilà le commentaire de la demande d'enquête. (Mouvement.)

M. FLOCON. Ayez la bonté d'attendre ce que j'ai·à dire, vous verrez le parti que je veux tirer de cet article; c'est en réponse à M. Odilon Barrot. M. Odilon Barrot disait que, lorsqu'on avait des faits graves, et on ne nie pas la gravité des faits qui sont apportés, au moins dans l'esprit de ceux qui les apportent, il fallait suivre les formes constitutionnelles, il fallait saisir l'Assemblée par une proposition qui serait renvoyée aux bureaux; un rapport serait fait, et l'Assemblée verrait ensuite s'il y avait lieu, en effet, d'ordonner la mise en cause des agents responsables du pouvoir exécutif; pendant ce temps, je vous demande un peu ce que deviendrait la République, s'il s'agissait d'une conspiration, s'il s'agissait d'une tentative d'usurpation, si on suivait la marche constitutionnelle : l'usurpateur trônerait aux Tuileries avant même que les premières formalités fussent accomplies.

Il est donc parfaitement régulier et constitutionnel, dans tous les cas de responsabilité du pouvoir exécutif qui sont de nature à jeter de sérieuses inquiétudes dans les esprits, et qui peuvent faire craindre des tentatives insensées, archifolles, comme on l'a dit, de les dénoncer à la tribune pour en faire justice, et ceux qui le font accomplissent un devoir de bons citoyens.

Voilà ce que je voulais dire à M. Barrot. Quant à M. de Falloux, il y a une chose que j'avais oubliée, et cependant je lui demande la permission de ne pas garder une chose sur le cœur pendant deux jours, comme lui, pour la lui présenter un peu plus ornée; je vais la lui dire très-nettement.

M. de Falloux nous a parfaitement dit que les débats, tels que ceux que l'on porte ici depuis huit jours, étaient de nature à amener des collisions fatales, des perturbations fâcheuses, en un mot, de nature à compromettre le sort de la République.

M. DE FALLOUX, ministre de l'instruction publique. Je n'ai pas dit cela ainsi.

M. FLOCON. Vous avez dit cela mieux que je ne le dis, c'est une justice que je vous rends.

Eh bien! depuis le 24 février, malheureusement pour la République, le sang a coulé dans Paris. De ce sang, monsieur, j'ai les mains et la conscience pures. A l'époque où l'agitation commençait, j'étais, moi, à cette tribune, et du haut de cette tribune j'avertissais le peuple de ne pas tomber dans le piége que lui tendaient les amis de la royauté et les ennemis de la République. (Violentes interruptions à droite.)

M. DE PANAT. C'est une atrocité!

Voix nombreuses. C'est infâme!

M. FLOCON. Les amis de la royauté peuvent demander la parole, je suis prêt à la leur donner.

M. DE PANAT. A ce titre, je ne suis pas prêt à la prendre; j'en suis bien fâché.

M. FLOCON. Je disais, et à cette époque, messieurs, vous m'avez écouté et vous n'avez point murmuré, je vous l'ait dit dans les mêmes termes; j'ai dit que ceux qui poussaient à l'agitation et au désordre, ceux qui voulaient jeter le peuple dans la rue, ceux-là voulaient ramener le despotisme et détruire l'institution républicaine. Vous n'avez pas murmuré alors. Il ne s'en est pas trouvé un parmi vous pour réclamer contre moi au moment du danger. (Rires ironiques à droite.) Mais il s'en est trouvé un pour monter à la tribune immédiatement après moi : c'était M. de Falloux, et il portait ici, malgré nos invitations, il portait la résolution de dissoudre à l'instant même les ateliers nationaux...

Voix nombreuses. Oui! oui! il a bien fait, il a fait acte de courage.

M. FLOCON. Et il précipitait la bataille.

M. DE FALLOUX, ministre de l'instruction publique. M. Flocon a parlé plusieurs fois de choses que je gardais sur le cœur, et que je produisais à cette tribune quand je croyais les avoir suffisamment ornées; je le remercie profondément d'avoir porté à cette tribune le nom des ateliers nationaux.

M. TRÉLAT. Je demande la parole. (Agitation.)

M. LE MINISTRE. Oui, je me tais quelquefois, et je me tais avec peine; mais ce n'est pas pour chercher des phrases dont je crois n'avoir pas besoin devant cette Assemblée, car j'ai reconnu souvent, chaque fois que je lui ai parlé, que quand on lui parlait franchement, nettement, simplement, on réussissait toujours auprès d'elle. Quand je me tais, ce n'est pas pour chercher des phrases, c'est pour éviter les occasions où ma parole pourrait être nuisible à mon pays.

Depuis quatre mois j'ai vu dans les journaux, que M. Flocon ne veut pas me permettre d'appeler ses amis, dans *la Réforme* et dans *la Démocratie pacifique*, et dans d'autres...

M. FLOCON. Je n'ai pas dit cela. (Rumeurs à droite.)

Nous avons été plus tolérants, messieurs : quand nos adversaires nous interrompaient, nous leur cédions la tribune. (*A gauche.* Parlez! parlez!)

M. de Falloux vient de dire : « Les journaux que M. Flocon ne veut pas me permettre d'appeler ses amis. » M. de Falloux avait dit tout à l'heure : « Les amis de M. Flocon ont eu le malheur de tirer sur le général Oudinot. » Quand je lui ai demandé d'où il avait tiré ces renseignements, il m'a répondu que c'était dans des journaux, qu'il devait supposer que j'en avais connaissance. J'ai répondu que je n'avais pas même lu dans les journaux l'article dont il parlait; mais je n'ai pas dit que ces journaux fussent ou ne fussent pas mes amis.

M. DE FALLOUX. M. Flocon a parfaitement raison; j'ai eu tort à ce banc, j'ai eu tort à cette tribune lorsque j'ai dit : « Les amis de M. Flocon. » J'ai pu laisser croire que je voulais parler de ses amis personnels, j'ai eu tort; j'ai voulu dire ses amis politiques. J'ai eu tort, en second lieu, de faire une seconde allusion à ce débat, qui ne doit pas occuper l'Assemblée, surtout au moment où on a soulevé une question aussi grave. J'ai eu tort, j'en suis désolé; je ne ferai plus maintenant aucune allusion à qui que ce soit. (*A gauche.* Ah! ah!)

Une voix. L'enquête!

M. LE MINISTRE. Je ne ferai plus aucune allusion personnelle, et j'ai hâte d'en venir au fond du débat, qui est très-grave. Il est toujours extrêmement grave de parler de sang versé; de parler de fauteurs de la guerre civile; et surtout d'en faire porter la responsabilité sur la défense, au lieu de la faire porter sur l'attaque. Eh bien! je n'ai représenté ici que la défense; et depuis quatre mois cette défense m'a été sans cesse imputée à crime, avec les termes les plus calomnieux, les plus injurieux. Pendant quatre mois je me suis tu; parce que je n'ai pas cru que ce fût à moi à porter de pareils souvenirs, de pareilles questions; mais je me suis bien promis que, si, jamais des journaux, que tout le monde ne lit pas, ces accusations calomnieuses, sous quelque forme que ce fût, arrivaient à cette tribune, je remercierais celui qui les y aurait apportées, et j'y répondrais immédiatement.

M. DUPONT (DE BUSSAC). Je demande la parole.

M. LE MINISTRE. Il est bon que l'Assemblée sache que l'accusation n'est pas aussi isolée qu'on pourrait le croire d'abord, et qu'elle en partage, plus qu'elle ne l'imagine peut-être, la responsabilité. Car enfin, lorsqu'on me détache, moi tout seul, dans la question des ateliers nationaux, on feint d'oublier que je n'ai jamais été que rapporteur des commissions de l'Assemblée, et que toutes les propositions que j'ai faites ont été sanctionnées par elle. (C'est vrai! c'est vrai!)

Si je suis donc un fauteur de guerre civile, et si j'ai la responsabilité du sang versé, il y a ici quatre cents membres qui partagent avec moi la même responsabilité.

M. LEFRANÇOIS. Provoqués par vous.

M. GLAIS-BIZOIN. Vous présentiez le rapport malgré moi. Je proteste contre le rapport.

Un membre à droite. C'était au nom de la commission.

M. LE MINISTRE DE L'INSTRUCTION PUBLIQUE. Le débat en vaut donc la peine; c'est une question historique grave, et c'est une question d'opportunité. Car on parlait, il y a quelques jours, de ce stratagème familier dans les assemblées, et qui consiste à déplacer les questions. Il y a aussi dans les factions, et à la veille des mouvements factieux, plaise à Dieu que nous n'y soyons pas! Il y a aussi une tactique que l'histoire a révélée: c'est, je le répète, de faire porter sur la défense la responsabilité qui appartient à l'attaque. (Bruit.) Vous me répondrez; permettez-moi de vous éclairer à ce sujet.

Voici ce qui s'est passé pour les ateliers nationaux. (Ah! ah! — Parlez! parlez!)

Je vous promets de ne vous dire que ce que vous ne savez pas ou que ce que vous avez oublié, oubli dont on abuse tous les jours dans la presse, depuis quatre mois, de la manière la plus scandaleuse.

Dès les premiers jours de l'Assemblée nationale, les hommes qui s'étaient occupés des ateliers nationaux, qui en avaient reçu la mission du Gouvernement provisoire, sont venus d'eux-mêmes au comité du travail. Ils ont déclaré que la constitution des ateliers nationaux était un péril immense, un péril imminent, et qu'ils venaient d'eux-mêmes, de leur propre mouvement, supplier le comité du travail d'y mettre fin immédiatement. Le comité du travail s'y est refusé. (Interruption.)

Puisqu'on parle si souvent dans cette Assemblée pour ceux qui ne sont pas dans l'Assemblée, il faut que ce droit appartienne à tout le monde. Nous sommes dans un temps où il n'y a plus de monopole ni de privilége. La faculté de parler ici pour le dehors ne peut pas appartenir à un seul côté ; il faut que le peuple connaisse enfin ses vrais et ses faux amis. (Très-bien ! très-bien !)

L'initiative de la dissolution des ateliers nationaux est venue en partie de ceux mêmes qui avaient reçu la charge du Gouvernement provisoire.

Un membre : Nommez-les.

M. LE MINISTRE. M. Emile Thomas.

Vous semblez craindre que je ne vous raconte une trop longue histoire et vous faites tout ce qu'il faut la prolonger ; mais je tiens cette discussion, que je ne m'attendais certainement pas à voir surgir aujourd'hui, puisqu'on l'a provoquée, pour énormément opportune, et j'insisterai pour aller jusqu'au bout. Si je m'allonge, c'est vous qui m'allongerez.

M. Emile Thomas est venu au sein du comité du travail, dès le 6 ou le 7 mai, demander qu'il fût pris immédiatement des mesures d'urgence pour transformer les ateliers nationaux. Le comité du travail s'y est refusé. Il a reconnu qu'on ne pouvait pas jeter sur le pavé de Paris, rendre à leur détresse, à leur dénûment, une si grande masse d'ouvriers qui seraient dans une misère inévitable ; et, avant de songer à la dissolution, il a reconnu unanimement qu'il fallait préparer d'avance de nouveaux moyens de travail. Il a délégué trois de ses membres, MM. Beslay, Julien et moi, pour se préoccuper d'abord du soin d'assurer du travail aux ouvriers avant de songer à la dissolution.

MM. Leslay, Julien et moi, nous nous sommes rendus immédiatement chez M. le ministre des finances , alors l'honorable M. Duclerc, et nous lui avons dit : Avant toutes choses, notre mission est de nous assurer si vous avez les fonds nécessaires pour parer aux travaux publics.

Nous n'irons pas aux travaux publics parler de tel ou tel ouvrage, de tel ou tel devis, de telle ou telle modification, de telle ou telle manière infructueuse de travailler, avant de savoir si, vous, ministre des finances, vous nous autorisez, si vous nous assurez que vous avez de l'argent, et que nous ne nous exposons pas à commettre envers le peuple un acte de barbarie.

L'honorable M. Duclerc nous a répondu : Les fonds sont prêts, le service est assuré; vous pouvez aller aux travaux publics. Mes deux collègues et moi, nous sommes restés quinze jours en conférence aux travaux publics. On a convoqué une commission mise au *Moniteur*, une commission d'ingénieurs civils de toute espèce pour préparer du travail ; on a parcouru tous les chantiers, tous les ateliers dans un rayon assez étendu aux environs de Paris; quand nous avons été parfaitement sûrs que les fonds et le travail étaient prêts, nous sommes rentrés au comité du travail ; nous avons demandé qu'on nommât une commission plus étendue pour préparer un décret qui substituât le travail à la tâche au travail à la journée.

Le comité du travail a nommé une commission plus nombreuse dans laquelle sont entrés M. Victor Considérant, M. Coquerel et M. Wolowski, je crois. Nous avons tous ensemble, à l'unanimité, préparé le décret qui substituait le travail à la tâche au travail à la journée ; puis, quand ce décret, mûrement élaboré avec M. le ministre des finances, avec M. le ministre des travaux publics, avec l'honorable M. Victor Considérant, a été voté par le comité du travail, je l'ai apporté ici comme rapporteur, et il a été sanctionné par l'Assemblée.

Au bout de quelques semaines, nous nous sommes aperçus que le travail à la tâche n'était pas substitué au travail à la journée ; nous nous sommes aperçus que les plus grands abus étaient en permanence aux ateliers nationaux et qu'aucune des mesures que nous avions voulu imposer n'était exécutée. Je n'accuse ici les intentions de personne; si j'avais surpris là une complicité avec ce que nous regardions et ce que nous devions regarder comme un crime, je n'aurais pas gardé le silence, je serais venu le dire à l'Assemblée à cette époque; je le répète donc, je n'accuse les intentions de personne, mais nous avons reconnu, la commission a reconnu alors une inertie que la volonté seule de l'Assemblée nationale pouvait vaincre. Après m'être concerté avec le comité du travail, je suis venu à l'Assemblée de nouveau déclarer que ces ordres n'étaient pas suffisamment exécutés; que, quant à moi, je dégageais ma responsabilité, et que, si l'Assemblée voulait mener à bonne fin son œuvre, qui était, avant tout, la substitution d'un travail à un autre, il fallait, je me rappelle mes expressions, parce qu'elles ont été sanctionnées par une approbation spéciale de l'Assemblée, « avant de fermer une porte à l'oisiveté, il fallait en ouvrir deux au travail; » que ses intentions n'étaient pas suffisamment servies; que, si elle voulait mener son œuvre à bonne fin, elle devait nommer une commission spéciale qui prît en main une œuvre pour laquelle je me reconnaissais impuissant. C'est alors que l'Assemblée nomma dans ses bureaux une commission solennelle qui fut présidée par M. Goudchaux. Là donc encore ma responsabilité continue à s'effacer, à se partager du moins avec celle des hommes les moins suspects à l'opinion à laquelle je réponds dans ce moment. M. Goudchaux ne cessa, dans la commission qu'il présidait, de sanctionner les vues que, pour mon compte, j'y portai; c'est toujours d'accord avec la majorité de cette commission, et particulièrement d'accord avec lui, que nous avons avancé pas à pas dans cette question. Cependant j'avais, pour mon compte, une idée qui m'était propre, une idée dont la presse ne m'a jamais fait honneur, parce que je ne la lui ai jamais confiée; j'espère que l'Assemblée me pardonnera si, pour la première fois, je lui en parle.

Je dis alors à la commission : Ce n'est pas assez d'assurer maintenant une autre issue aux ouvriers; le mal s'est considérablement aggravé, les ouvriers sont beaucoup plus nombreux aujourd'hui qu'ils ne l'étaient il y a un mois; il faut, en même temps que vous pressez la dissolution des ateliers nationaux, organiser une vaste administration que j'ai appelée l'administration de l'assistance et de la prévoyance publique. J'en apportai le plan détaillé; je recueillis des documents sur toutes les institutions charitables, en Belgique, en Piémont, en Allemagne; j'en composai le plan d'une ad-

ministration complète, je la soumis à la commission; elle
fut discutée pendant de longues séances : elle fut d'abord
adoptée à la majorité d'une voix, puis, par suite de certaines
difficultés, rejetée ensuite à la majorité d'une voix. Enfin,
sur ce plan, qui est mon invention propre, puisque je suis
amené à en parler ici, j'ai le droit d'en réclamer l'honneur;
enfin sur ce plan, qui consistait à faire marcher l'organisa-
tion de l'assistance et de la prévoyance d'accord avec la dissolution des ateliers nationaux, nous ne pûmes nous mettre
d'accord. Ce que me reprochait M. Goudchaux, non, ce qu'il
m'objectait, il ne me l'aurait pas reproché, ce que m'objectait M. Goudchaux, c'est que ce plan était trop compliqué,
qu'il embarrasserait l'Assemblée, qu'il fallait le séparer de la
dissolution des ateliers nationaux. Puis nous fûmes conduits
jusqu'à la veille du 23 juin.

La dissolution était résolue avec l'approbation de la grande
majorité de la commission nommée par l'Assemblée dans ses
bureaux; mais cette dissolution ne devait être apportée que
le samedi 24. Le vendredi 23, l'insurrection avait commencé; nous nous réunîmes à dix heures du matin : l'insurrection avait déjà commis des actes patents et manifestes à cette
heure là; nous dîmes : Nous ne pouvons pas admettre que ce
soit la dissolution des ateliers, qui était résolue entre nous,
mais qui n'était encore connue par personne (c'est évident !),
qui était encore sujette à quelques contestations de détail,
nous ne pouvons admettre que ce soit cette résolution qui a
pu allumer cette affreuse guerre civile qui commence; ce ne sont
pas les mesures de l'Assemblée, qui toutes étaient paternelles et
prévoyantes. C'est, Messieurs, ce que vous avez tous oublié, et
que, pour votre honneur, je me plais à rappeler. Ce n'est pas
cela qui a allumé la guerre civile; elle a été allumée par des
passions et par des desseins impies que nous ne sommes pas
arrivés à temps pour conjurer.

Il fallait cependant aussi songer à défendre la société.
Lorsqu'on accuse la dissolution des ateliers nationaux d'être
la cause de la guerre civile, nous, les représentants de l'Assemblée, resterions-nous impassibles spectateurs de la lutte?
Je ne l'ai pas cru, pour mon compte, et voici le langage que
j'ai tenu à la commission; j'ai dit à mes collègues : La guerre
est engagée; la responsabilité n'appartient ni à vous, ni à
personne dans cette Assemblée. Il y a quelque chose qui
m'appartient à moi, c'est mon honneur, et voici comment je

l'entends : si les ouvriers égarés qui nous attaquent sont vaincus demain, je ne consentirai jamais à porter contre eux une mesure que, dans leur égarement, ils regardent comme leur étant funeste ; quand ils seront vaincus, je ne viendrai pas, le lendemain de leur défaite, être le rapporteur de la résolution de la commission ; je ne leur laisserai pas cette pensée, que j'ai attendu leur défaite pour venir proclamer ici ce que, depuis longtemps, vous croyez utile et nécessaire. Je suis le rapporteur de la commission des ateliers nationaux, aujourd'hui, ce matin même, ou je ne le serai jamais ; car, après la bataille, je vous déclare que je donne ma démission. (Très-bien ! très-bien !) Si les ouvriers sont vainqueurs, je ne les redoute pas le moins du monde ; je suis de la veille pour les ouvriers ; je ne suis pas de la veille pour la République ; cela est certain, vous le savez bien ; je suis de la veille pour les ouvriers, je suis de la veille pour beaucoup d'œuvres populaires.

Je suis de la veille pour beaucoup de sympathies et pour beaucoup de sentiments que les ouvriers connaissent, et qu'ils connaissent tellement, que lorsque vous disiez que je n'étais pas représentant de Paris, que j'étais repoussé, je l'ai reconnu ; mais permettez-moi de rappeler que l'arrondissement de Paris où j'ai reçu le plus de voix, et j'en suis profondément touché, j'en suis fier, c'est le faubourg Saint-Antoine. (Très-bien ! très-bien !)

Je disais donc : Si les ouvriers sont vainqueurs, et l'hypothèse pouvait bien être posée le vendredi à l'heure où je parlais ; si les ouvriers sont vainqueurs, je ne crains pas ma responsabilité, je leur rendrai compte de ce que j'ai fait, je comparaîtrai au tribunal qui leur conviendra, comme un homme de la veille, comme leur ami, et je leur dirai à ces ateliers nationaux, le lendemain de leur victoire, ce que je leur aurais dit la veille. S'ils sont vaincus, je le répète, cherchez un autre rapporteur ; quant à moi, je ne présenterai pas la mesure. (Très-bien ! très-bien !)

Voilà la conduite de l'Assemblée, voilà la mienne ; voilà votre responsabilité, voilà la mienne ; voilà à qui appartient le sang versé ! (Vive approbation à droite. — Rumeurs sur plusieurs bancs. — Agitation prolongée.)

M. LE PRÉSIDENT. La parole est à M. Trélat.

M. TRÉLAT. Citoyens, je n'ai pas cherché ce débat.

J'ai pensé que cette question difficile, cette question qui a été sanglante, ne pouvait pas recevoir de lumière ici. C'est le temps qui doit guérir le mal. Mais j'ai regardé comme une nécessité de monter à cette tribune, quand j'ai vu qu'on avait oublié les faits.

C'est le 12 mai que j'ai reçu le fardeau des ateliers nationaux. Immédiatement, j'ai créé au ministère des travaux publics une commission chargée d'étudier ce qu'il y avait à faire.

M. LE MINISTRE DE L'INSTRUCTION PUBLIQUE. Je l'ai dit.

M. TRÉLAT. J'y ai employé tout mon temps, tout mon bon vouloir. (C'est vrai !)

Cette commission s'est mise en rapport avec celle dont on vient de vous parler. J'ai espéré qu'à elles deux elles pourraient amener quelque fruit.

Mon travail était fait ; j'avais à vous demander de l'argent, beaucoup d'argent pour pouvoir rétablir le travail dans Paris, et, par l'influence de Paris, au dehors, pour guérir le mal de l'erreur des ateliers nationaux sur toute l'étendue de la République.

J'ai fait ce que j'ai pu pour produire mon travail ; je n'ai pu y parvenir ; on n'a pas voulu m'entendre ; ce n'est pas à vous que je le reproche ; ma conviction s'est brisée contre d'autres convictions que je respecte. On m'a dit : Non, ce n'est pas là qu'est la solution de la question ; elle est tout entière dans la question des chemins de fer. Moi, je la voyais ailleurs. Me suis-je trompé, citoyens ? Je ne le crois pas. Et lorsqu'au 24 juin, le commandement suprême fut remis, en ce péril de la chose publique, dans les mains du général Cavaignac, je revins à lui et je lui dis ceci : Quand on tient l'épée d'une main, dans une circonstance comme celle-ci, on doit avoir du pain à donner de l'autre.

Je fus investi par lui du devoir d'arriver à vous et de vous produire mon travail, de soumettre à votre approbation la série de décrets dans laquelle me paraissait être la solution d'une partie du mal.

Citoyens, à cette époque, oui, j'invoque les souvenirs du général Cavaignac, ils ne peuvent pas s'être effacés, on lui demanda une heure ; cette heure fut employée à venir ici près de vous changer, égarer vos dispositions, et lorsque je me présentai, moi, au pied de cette tribune, pour vous parler du sang qui coulait et de la nécessité du remède, je me trouvai entouré, Messieurs, circonvenu d'une partie d'entre vous :

Qu'allez-vous faire? Vous allez demander de nouveaux sacrifices au pays? sacrifices inutiles! Eh! Messieurs, cette voix
qui n'était pas encore accusatrice s'étendait avec une rapidité
extrême au dehors, et au dehors on disait sur le quai d'Or-
say que le ministre des travaux publics, et tenez-lui compte
de s'être tu jusqu'à ce jour, que le ministre des travaux publics n'avait pas craint de venir demander à l'Assemblée 150
millions pour solder l'émeute.

Un membre. Je l'ai entendu.

M. TRÉLAT. Messieurs, la vie de mon fils a été en péril
dans ce moment-là : lorsqu'il entendit cette accusation,
et qu'il s'éleva avec la chaleur d'àme qu'il tient de sa famille.... (Rires.) Oui, oui, j'ai le droit de le dire. (Bruits di-
vers), lorsqu'il dit : C'est une infàme calomnie, sa vie fut en
péril.

D'où partait cette accusation? Je ne veux pas le savoir, je
ne veux pas le dire, je ne veux pas le chercher; mais ce qu'il
y a de sûr, et ce que j'ai à ajouter ici, c'est que, tous les jours,
lorsque j'étais interpellé sur la question des ateliers nationaux, je ne voulais pas arriver au fond de la question, parce
que j'étais esclave de ma situation, parce que je l'ai toujours
comprise, parce que l'homme appelé à une situation impor-
tante doit en accepter toute la responsabilité, et qu'il ne doit
pas accuser ceux avec lesquels il a été appelé à la terrible
mission de répondre des affaires publiques.

Eh bien, je n'ai rien dit, je me suis tu, et je disais : Je ne
suis pas prêt encore ; ma commission n'est pas prête (elle
l'était, ce travail était fait); donnez-moi du temps! Eh bien!
messieurs, à ce moment-là, une voix se fit entendre. Lorsque déjà nous ne pouvions pas réinstituer le travail dans Paris, nous nous occupions avec activité incessante de faire
partir chaque jour des ouvriers des ateliers nationaux, de
les occuper aux travaux que je vous avais demandés, que j'a-
vais obtenus; je vous en remercie, comme je vous en remer-
ciais alors : le canal de la Saône, le travail de la haute Sei-
ne, les ponts que vous aviez votés alors, les travaux des rou-
tes... (Rumeurs diverses.)

A cette époque-là nous nous occupions avec une activité
incessante de diminuer la population des ateliers nationaux;
nous vous disions : nous obtenons des résultats, nos ouvriers
vont partir; il faudra du temps, sans doute, mais nous par-
viendrons à obtenir ce que nous cherchons.

A ce moment-là une voix se fit entendre, et vous dit : Non!... (Rumeurs.)

Plusieurs membres à gauche : Attendez le silence.

M. TRÉLAT. Avançons la tâche; c'est une ruine pour l'État; il faut en finir avec les ateliers nationaux.

Je vous en conjure, disais-je, ne jetez pas au milieu de cette population qui souffre depuis si longtemps, qui ne voit que la misère dans l'avenir, ne jetez pas l'irritation et le désespoir.

Il faut en finir! Cette voix était impitoyable.

Je montai à la tribune, et je dis : Il ne me reste plus qu'une chose à faire, c'est de dégager ma responsabilité; je ne peux plus répondre de rien; je ne sais pas ce qui arrivera; nous sommes à la veille de grands malheurs; je ne peux plus faire que cette œuvre stérile, que cette œuvre pleine de regrets, pleine de douleurs, de dégager ma responsabilité, je la dégage le 24. Le lendemain on se battait dans les rues de Paris. (Marques d'approbation à gauche.)

Plusieurs voix : Quelle était cette voix? quelle était cette voix?

M. TRÉLAT, remontant à la tribune. On me demande quelle était cette voix; c'était celle de M. de Falloux.(Agitation).

M. DE HEECKEREN. Mais non, c'était M. Goudchaux.

M. DE FALLOUX, ministre de l'instruction publique. Puisque l'Assemblée est reportée sur ces douloureux souvenirs, elle peut se rappeler qu'elle a déjà été témoin, entre l'honorable M. Trélat et moi, d'un débat analogue à celui-ci. Elle doit se rappeler qu'une fois à cette tribune, l'honorable M. Trélat est venu dire qu'il avait entendu dans le sein de la commission des paroles injurieuses et haineuses pour les ouvriers...

M. AGRICOL PERDIGUIER. Moi aussi, j'en ai entendu.

A droite. Allons donc! allons donc!

M. LE MINISTRE DE L'INSTRUCTION PUBLIQUE. Si l'Assemblée se rappelle ces paroles de l'honorable M. Trélat qui, alors, siégeait sur ce banc (L'orateur montre le banc ministériel.), elle doit se rappeler qu'ici, entouré de la commission tout entière, je m'élançai à la tribune, et je lui dis : Si le mystère de la commission que vous auriez dû respecter couvre quelqu'un, ce n'est pas moi, c'est vous! et l'honorable M. Trélat n'a pas répliqué. (Approbation à droite. — Exclamations à gauche.)

M. TRÉLAT. Qu'est-ce que cela veut dire ?

M. DE MONTREUIL, se tournant vers Monsieur Trélat. C'est vous qui êtes venu nous demander en grâce de vous débarrasser des ateliers nationaux.

M. LE MINISTRE. M. Trélat me demande ce que je voulais dire; il aurait pu le demander à cette époque, je le lui aurais dit.

M. TRÉLAT. Vous n'avez jamais dit cela.

Plusieurs voix. C'est au *Moniteur*.

M. LE MINISTRE. Il aurait pu me le demander à cette époque, je le lui aurais dit. Il me le demande maintenant, cela me suffit, je m'en vais le lui dire.

Ce que j'accusais, je viens de le dire d'avance, c'est sa profonde inertie, le profond découragement dans lequel il était tombé.

M. TRÉLAT. Cela n'est pas.

M. LE MINISTRE. Le profond dissentiment qui existait entre lui et l'unanimité ou la presque unanimité de la commission; je voulais dire enfin un fait très-grave à cette époque et qui est demeuré encore inexpliqué, du moins pour le public, sa conduite envers M. Emile Thomas, voilà ce que je voulais dire, rien de plus, rien de moins.

Maintenant, l'honorable M. Trélat, je le lui ai reproché à cette époque, mes paroles sont au *Moniteur*, s'attribuait et s'attribue encore trop facilement et trop témérairement le rôle d'ami exclusif des ouvriers, et donnait trop témérairement et très-injustement le rôle d'adversaire à ceux qui ne partageaient pas son opinion.

M. Trélat encore aujourd'hui m'applique le mot d'*implacable;* ce mot m'autoriserait à bien des représailles. Je n'en ferai rien; à bien des représailles, car l'incurie, permettez-moi de me servir de ce simple mot, l'incurie qui, après ce concours du comité du travail tout entier, le concours de deux commissions de l'Assemblée, d'une commission instituée par M. Trélat lui-même, l'incurie qui arrive à de tels résultats pourrait au moins être modeste en face du mal qu'elle a fait. (Approbation à droite. — Murmures à gauche.); elle ne devrait pas lancer de ces mots dont on a pu mesurer la portée quand on les répète encore au bout d'un an presque révolu; elle ne devrait pas lancer de ces mots que la passion recueille immédiatement et envenime, et qu'elle peut traduire en faits sanglants que M. Trélat serait le premier à déplorer. On ne devrait pas appliquer le mot *impla-cable* dans le sens où M. Trélat vient de le prononcer aussi légèrement qu'il le fait. Il me donnerait droit à des représailles; je le répète, je ne le ferai pas. Mais il faut qu'il me permette de rétablir la partie morale des faits. (Interruption. Parlez! parlez!)

En vertu de quoi... (Nouvelle interruption.) En vertu de quoi pouvais-je avoir une volonté implacable ou non implacable? Je n'ai pas eu un instant une volonté propre, je pas usé une seule fois de mon initiative; je n'ai jamais été que l'interprète de mes collègues et des commissions nommées par l'Assemblée elle-même.

Une voix. Demandez à M. Goudchaux.

A droite : Oui! oui!

M. DE MONTREUIL, se tournant vers M. Goudchaux. Répondez donc, Monsieur Goudchaux, cela vous regarde au moins autant qu'un autre.

M. LE PRÉSIDENT. Monsieur de Montreuil, gardez le silence.

M. LE MINISTRE DE L'INSTRUCTION PUBLIQUE. Messieurs, je vous demande en grâce, abrégez ce débat par votre silence. Je n'ai besoin de me couvrir du témoignage de personne, je n'ai besoin de me couvrir du nom de personne, j'use de mon droit, et je dis à M. Trélat : En vertu de quoi aurais-je eu une volonté implacable? je n'ai jamais été que l'interprète de commissions. Ce que vous me dites, vous le dites à vos collègues. Ils accepteront ou non ce reproche, peu m'importe. Quant à moi, je n'ai jamais eu d'initiative, je n'ai jamais dit une parole qui me fût propre. Implacable! cela appartient à tout le monde, ou cela n'appartient à personne qu'à vos rancunes ou à vos dépits. (Vive approbation à droite. — Bravos.)

Maintenant, un dernier mot et j'ai fini. J'ai eu besoin d'interroger M. Trélat au pied de la tribune pour savoir véritablement si c'était à moi ou à un autre qu'il avait fait allusion durant tout le cours de son discours, tant je m'y étais peu reconnu, et tant il a confondu des faits qui se sont passés dans un autre ordre que celui dans lequel il les a racontés.

Ainsi, il a parlé de son plan, il a parlé des obstacles que ce plan avait rencontrés. Ces obstacles ne sont pas venus de moi...

M..TRÉLAT. Non.

M. DE FALLOUX. Ils ne pouvaient venir de moi.

M. TRÉLAT. Non.

M. DE FALLOUX... Et lorsqu'il a parlé des obstacles qu'il a rencontrés, c'était le 24 ou le 25 juin ; la bataille était au plus fort; par conséquent, même ceux-là auxquels M. Trélat faisait allusion, qui ne sont pas moi, même ceux-là n'étaient pas plus que moi responsables de la bataille. Et lorsque M. Trélat a été entouré ici, qu'on l'a conjuré de ne pas apporter le plan qui demandait à l'instant même des sommes que personne ne pouvait fournir, des choses que personne ne pouvait réaliser, qui n'étaient que la continuation de la chimère, je ne me sers pas d'un mot qui puisse le blesser, la continuation de la chimère avec laquelle il nous avait conduits de jour en jour au bord de l'abime dans lequel nous étions tombés, quand on vint lui demander alors de renoncer à cette chimère, à cette folie, criminelle malgré lui, puisqu'elle a fait verser le sang...

A gauche. C'est vous! c'est vous!.

M. LE MINISTRE.... Quand on lui a demandé cela, je n'étais pas même dans la salle. Ce sont les collègues du ministère de M. Trélat, ce sont les membres de la commission exécutive et du ministère qui l'ont arrêté; je n'ai appris cette démarche qu'en entrant dans la salle.

Je n'ai, pour mon compte, et je ne pourrais avoir aucune impatience d'aborder de pareils débats; j'en ai eu d'amères occasions soit dans la presse soit ailleurs, je ne l'ai pas fait. Mais sachez une chose, c'est que quand vous apportez devant moi des questions de guerre civile, de sang et de responsabilité, vous ne me contraindrez jamais au silence, et vous ne m'empêcherez jamais d'apporter ici la vérité qui m'appartient à moi comme elle appartient à l'Assemblée. (Vive approbation à droite.)